LA SYRIE

DEVANT L'EUROPE

PARIS

IMPRIMERIE DE L. TINTERLIN ET Cᵉ

rue Neuve-des-Bons-Enfants, 3.

LA SYRIE

DEVANT

L'EUROPE

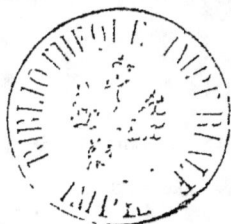

PARIS

E DENTU, LIBRAIRE-ÉDITEUR

PALAIS ROYAL, 13 ET 17, GALERIE D'ORLEANS

1864

LA SYRIE

DEVANT L'EUROPE

Le vent est décidément à la liberté et au progrès, et chaque fois qu'en ce sens une question est soulevée, elle passionne immédiatement les masses, se résout avec une incroyable rapidité, et même, comme par une impulsion magique, en fait surgir d'autres.

Ainsi, l'Italie, naguère morcelée et opprimée, n'offre déjà plus que Rome et Venise comme derniers obstacles à sa liberté victorieuse.

Hier encore on doutait ; aujourd'hui, la question syrienne a pris place à côté de la question d'Italie.

« Ne saurions-nous rien faire pour cette terre qui nous a donné le salut et la foi, » écrivait récemment M. Xavier Raymond. Or, il faut avouer que, si en Occident les événements facilitent la solution de toute question dans le sens de la *liberté* et du *progrès*, pour l'Orient, ce n'est pas la même chose.

Tout ce qui tient, d'ailleurs, au dossier de cette vieille et interminable question, éveille au tribunal européen tant de mesquines passions, qu'il lui incombe une lourde part de responsabilité dans les malheurs qui accablent aujourd'hui la Syrie et le Liban.

Un coup d'œil rétrospectif est ici nécessaire.

II

En 1840, l'Europe, dans un accès de déplorable jalousie contre la France, arracha la Syrie à la domination égyptienne pour la replacer entre les mains débiles du trop célèbre malade de Constantinople.

Le traité de Londres du 15 juillet, la chute du ministère Thiers, l'expédition anglo-austro-turque en Syrie, le bombardement de Saint-Jean-d'Acre, forment une page trop connue de l'histoire contemporaine pour que nous ayons besoin d'insister.

Le gouvernement fort et respecté d'Ibrahim-Pacha, sous lequel aucun massacre n'avait lieu, ni d'un côté ni de l'autre, dut donc céder la place aux employés ottomans, pour lesquels la Syrie devenait une terre promise d'exactions et de malversations de toutes sortes.

La France, en soutenant le gouvernement égyptien en Syrie, avait donc le mérite de la perspicacité, puisqu'elle prévoyait que l'administration turque n'y amènerait que guerre civile et anarchie.

On a, depuis, essayé de diminuer le prestige de l'administration d'Ibrahim-Pacha, et on a même reproché à la France d'avoir pris parti pour lui.

Mais ceux qui ont pu, par leurs propres yeux et sur les lieux mêmes, voir et comparer les différents systèmes des deux gouvernements, ont été frappés de la funeste métamorphose opérée dans le pays depuis 1840, et sont demeurés convaincus que la destruction de la domination égyptienne a été une immense faute politique.

Dès lors, les cabinets européens, comme honteux de leur œuvre ou bien saisis par un tardif sentiment de remords, prirent à tâche de se dissimuler, à eux-mêmes, ce déplorable état de choses que, devant l'histoire et l'humanité, les gouvernements signataires du protocole de Londres avaient assumé sur leurs têtes.

Bref, on se contenta d'écarter ou d'étouffer, jusqu'à ce jour, par des palliatifs et des demi-mesures, les haines et les désordres qui se dressaient en Syrie comme une vigoureuse et flagrante protestation à un arrangement qu'on avait fait en 1842 : Création diplomatique anti-nationale — dont l'illustre paternité ne fut pas une garantie de succès.

Les massacres de 1842, 1844, 1845 furent autant de sanglants démentis à l'œuvre éphémère de l'Europe qui, aux flots de sang chrétien versés en Syrie, se contentait toujours de répondre, depuis quinze ans, par des notes de chancellerie ! ! !

III

Déjà, en 1845, le 11 juillet, M. le comte de Montalembert appelait, à la tribune, l'attention de la Chambre des Pairs sur ce qui se passait alors en Syrie (1).

Après avoir exposé rapidement et avec éloquence la cause du renouvellement des hostilités dans la montagne, après avoir parlé des atrocités inouïes commises par les Druses, dans les villages maronites, le noble orateur ajoutait :

« Maintenant, ce qu'il y a de grave dans ces événements, à part l'horreur qu'ils doivent naturel.ement exciter, c'est le rôle qu'a joué l'autorité turque.....

« Les troupes turques qui avaient été réparties dans la montagne, soi-disant pour contenir les populations rivales, ne se sont jamais occupées que de contenir les Maronites. Elles ont laissé toute liberté aux Druses et c'est ce qui explique comment les Druses, malgré leur petit nombre, ont pu si facilement tomber sur les Maronites et les égorger. Ensuite, quand les premières hostilités ont commencé, les

(1) Voir *le Moniteur* du 16 juillet 1845.

troupes turques se sont avancées dans le pays; elles ont pris une attitude plus décisive, mais toujours vis-à-vis des Maronites. Ainsi il y a des désarmements opérés dans la contrée de Chouf; mais ces désarmements n'ont été opérés qu'au détriment des Maronites...... »

En lisant ces paroles ne dirait-on pas assister aux événements de 1860.

M. le comte de Montalembert ajoutait : « Ceci suffit, ce me semble, et au delà, pour constater l'odieuse complicité, non pas à coup sûr des chefs du gouvernement ottoman, mais de ses troupes et de ses agents dans les attentats commis sur les Maronites. Il y a une complicité plus odieuse encore et plus grave; c'est celle qu'on attribue généralement à l'agent de l'Angleterre dans ces parages.

« Vous me connaissez assez pour savoir que je ne compte en aucune façon parmi ceux qui attaquent en général l'Angleterre et ses agents.

« Vous savez, au contraire, que je suis un très-grand admirateur de l'Angleterre, un très-grand partisan de l'alliance anglaise et que jamais on n'a surpris sur mes lèvres ces attaques exagérées, souvent dictées par un patriotisme honorable, mais qui ne sont en aucune façon ni dans mes goûts, ni dans mes habitudes.

« Cependant, quand je me trouve en face de faits aussi patents et aussi odieux que ceux que j'ai signalés, je n'écoute plus que la justice; je ne puis me défendre de vous les dénoncer et de demander au gouvernement quelle attitude il a prise à ce sujet. »

IV

Malgré ce chaleureux plaidoyer, *un an après*, le 15
juin 1846, un long débat s'éleva de nouveau sur les
mêmes affaires de Syrie (1).

Cette fois ; c'est à la Chambre des Députés. M. Léon de
Malville signala ce fait, que le gouvernement de la Porte
paraît s'attacher à détruire l'élément chrétien dans la montagne, et que les puissances européennes semblent d'accord pour laisser étouffer dans le sang chrétien ce qui
reste de l'influence française au Liban.

Il finit son discours par ces paroles remarquables :

« Le jour où l'opinion européenne voudra que la population chrétienne de Syrie soit sauvée ; le jour où elle voudra
échapper à la honte de voir exterminer sous ses yeux une
population qui a des priviléges séculaires, et qui semble
n'être vouée à la destruction que du jour où cinq grandes
puissances du monde l'ont prise sous leur protection ; le
jour où cette opinion aura éclaté aux deux tribunes ; dans
les deux pays, dans tous les pays de l'Europe, ce jour-là
les chancelleries commenceront à comprendre qu'il y a

(1) *Moniteur* du 16 juin 1846.

dans cette opération une force à laquelle on ne résiste pas. (Très-bien! très-bien!)

« Oui nous avons eu tort de croire à vos promesses constantes, faites avec bonne foi, sans doute, mais que les événements ont toujours démenties.

« Nous avons eu tort de perdre du temps; mais nous n'en perdrons plus. Cette question que nous engageons aujourd'hui nous la soutiendrons jusqu'au bout, et nous trouverons écho dans l'Europe, et j'espère que nous obtiendrons plus de cette opinion qui s'éveillera que de l'action lente des chancelleries qui, en six ans, n'ont pu faire de ce pays qu'un théâtre de désordre, de massacres et d'incendies. »

V

Voilà ce qui se disait en 1845 et en 1846.

En l'an de grâce 1860, nous assistons, en Syrie, à une *seconde représentation* du même drame sanglant.

Quoi donc? Depuis quinze ans l'Europe n'aurait rien fait pour changer cet ordre de choses en Orient?

Si fait : — Les puissances se sont cru obligées de convier la Porte au banquet européen et de prendre fait et cause pour ce même pouvoir musulman qui, en 1845, protégeait et fomentait les massacres!

Néanmoins et malgré les fautes commises, malgré l'étrange coïncidence des mêmes événements, la marche victorieuse du temps a introduit dans cette question de Syrie, comme dans toutes les autres, un progrès manifeste que nous avons hâte de constater.

Ce progrès, le voici :

En 1845, la France, par l'organe de son ministre des affaires étrangères, M. Guizot, avouait en pleine Chambre son impuissance à arrêter les massacres autrement que par *voie d'influence*, et n'admettait pas la possibilité de pouvoir envoyer en Syrie des troupes pour réprimer les désordres (1).

La France de 1861, par l'organe de son ministre des affaires étrangères, M. Thouvenel, constate la pacification de la Syrie par l'armée française, et propose à l'Europe de combiner un nouvel arrangement pour l'administration de la montagne comme complément indispensable aux mesures déjà prises ou à prendre d'un commun accord (2).

Nous voyons encore qu'en 1845 les cinq grandes puissances sont hostiles à la politique française en Syrie.

En 1861, la Russie appuie la prolongation de l'occupation française, et marche de concert avec le cabinet des Tuileries dans la question syrienne.

La Prusse et l'Autriche paraissent aussi ne pas faire d'objection sérieuse.

---

(1) *Moniteur* du 16 juillet 1846.

(2) Circulaire du 18 janvier 1861.

Il n'y a donc réellement que l'Angleterre qui s'en tient à sa politique de parti pris.

Le progrès est manifeste.

La question syrienne est évidemment placée aujourd'hui sous un jour plus favorable qu'elle ne l'était il y a quinze ans.

C'est pourquoi nous nous demandons si l'heure n'a pas enfin sonné où l'Europe, sous la pression de l'opinion publique, doit être mise en demeure de statuer définitivement quelque chose de sérieux et d'efficace.

VI

Depuis 1858 surtout, il y avait en Syrie des signes précurseurs qui annonçaient des événements terribles.

Les correspondances officielles, comme les lettres particulières, signalaient le réveil du fanatisme musulman, la faiblesse et l'incurie du gouvernement de la Porte, ainsi que la terreur des chrétiens.

Cependant, l'opinion publique ne voulut pas attacher une importance trop sérieuse à ces sinistres pronostics ; et lorsque, au printemps de 1860, le prince Gortschakoff se fut décidé à signaler aux puissances le danger comme imminent, non-seulement sa prévoyante et loyale démarche

ne rencontra dans la presse qu'un sourire de méfiante in-
crédulité, mais elle donna lieu à des philippiques banales
et surannées contre l'ambition de la Russie.

Malheureusement, les événements ont donné trop tôt
raison au prince Gortschakoff.

C'est en mai qu'éclatent au Liban les premiers troubles,
et, en deux mois, embrasent successivement toute la montagne.

Les massacres de Zahle, Hasbeya, Rakheya, Deir-el-
Kamar, viennent enfin réveiller l'Europe de cette somno-
lence coupable.

Le 7 juillet, le contre-amiral Jehenne reçoit l'ordre de
se rendre avec son escadre à Beyrouth.

A la présence des pavillons français et anglais dans les
eaux de Syrie, le fanatisme musulman répond, le 9 juillet,
par les massacres de Damas.

Il fallait enfin, et à tout prix, porter remède aux événements.

La France prend sur elle le noble rôle de représenter
l'Europe dans ces lieux dévastés par la guerre civile.

Le protocole du 5 septembre décide en faveur de l'occupation française pour six mois.

Le drapeau français touche le rivage de Syrie, les massacres cessent.

Mais ne dirait-on pas que si ce glorieux drapeau par-
vient à intimider les Druses, sa présence dans ces parages
paraît effrayer bien davantage encore certain gouvernement de l'Europe civilisée.

D'abord, à la proposition française du 18 juillet, sur la nécessité d'envoyer un corps de troupes en Syrie, le cabinet anglais répond par l'acceptation de la proposition, en principe ; mais quatre jours après, et notamment le 22, lord John Russell prétend avoir reçu la nouvelle de la conclusion de la paix dans le Liban. Le même jour, lord Palmerston se hâte de faire part à l'ambassadeur de France à Londres, que cette nouvelle met *heureusement* fin au projet d'intervention. — Un démenti formel étant donné à ce sujet par la France, l'Angleterre se voit enfin obligée de consentir, quoique de mauvaise grâce, à l'envoi des troupes en Syrie (1). Mais obéissant bien plus aux inspirations de l'intérêt qu'à celles de l'humanité, elle n'accorda qu'un *terme de six mois* à l'occupation française.

Or, il était évident, dès l'origine, qu'un terme aussi court ne permettrait pas d'atteindre le but d'humanité qu'on s'était proposé ; et les événements se sont chargés de le prouver.

Aussi bien, la circulaire de M. de Thouvenel du 18 janvier 1861, qui convoquait la conférence, ne fut une surprise pour personne. Encore moins le langage *unanime* des journaux anglais, qui réclamaient vivement, depuis deux mois déjà, l'évacuation de la Syrie, prétendant que l'intervention européenne affaiblissait et discréditait l'autorité de la Porte-Ottomane, langage qui faisait préjuger

(1) Documents diplomatiques.

que l'Angleterre, dans la conférence, marchanderait non-
seulement les mois, mais les jours, pour la prolongation ;
et, pour éviter tout prétexte de statuer définitivement un
ordre de choses nouveau en Syrie, voudrait prouver que
la Porte est aujourd'hui, plus que jamais, en mesure d'é-
loigner le renouvellement de ces horribles calamités.

Heureusement la politique d'humanité a prévalu.

Le 15 mars, les plénipotentiaires de France, d'Autriche,
de la Grande-Bretagne, de Prusse, de Russie et de Turquie, ont décidé, en conférence, que la durée de l'occupation européenne en Syrie, fixée à *six mois* par la conven-
tion du 1er septembre 1860, serait prolongée de trois
mois, c'est-à-dire jusqu'au 5 juin.

La prolongation est donc, dès aujourd'hui, un fait ac-
quis.

Ce n'est pas encore une solution, il est vrai; mais ici un
ajournement même est de bon augure. Pendant ce laps de
temps, la commission européenne en Syrie aura achevé
son travail et sera à même de présenter à une nouvelle
conférence un projet sur la réorganisation du Liban.

Il faut espérer que, quelle que soit la solution ou les solutions qu'elle proposera, l'Europe chrétienne n'osera pas,
cette fois, abandonner la question syrienne sans la tran-
cher; car elle ne sera pas de l'opinion de lord John Russell,
à savoir : Qu'en Syrie, tout est pour le mieux dans le
meilleur des gouvernements; que le musulman est le type
du chevalier sans peur et sans reproche ; que les chrétiens n'y sont qu'un tas d'intrigants.

VII

Or, quelle peut être la solution de cette question ?

Tout d'abord, il ne faut pas oublier que *dix siècles* nous séparent du vieil Orient, et que des solutions à *l'occidentale* y seraient inefficaces et d'ailleurs inapplicables.

Selon l'opinion anglaise et turque, une fois les massacres calmés, on pourrait en Syrie soit, s'en tenir au *statu quo*, avec quelques modifications, soit créer une vice-royauté turque, en opérant le désarmement de la montagne; mais ces moyens ne sont pas une solution.

En effet, l'arrangement de 1842 qui, en principe, subsiste jusqu'à présent en Syrie, divisait administrativement la montagne entre deux kaïmakams (deux gouverneurs), l'un Druse, l'autre Maronite ; un kaïmakam druse pour les Druses ; un kaïmakam maronite pour les chrétiens. Cette combinaison, nous l'avons vu, n'a amené que discorde et malheurs. — Et pourquoi ?

Parce que c'était une de ces solutions à *l'occidentale*.

M. Poujade, dans son excellent ouvrage sur la Syrie, explique très-judicieusement, à ce sujet, que pour pouvoir atteindre le but qu'on s'était proposé par cette division administrative, il aurait fallu qu'au Liban la géographie plaidât pour cet arrangement.

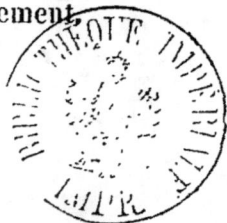

« Or, tout le pays, dit-il, nous montre la population
« druse et la population chrétienne enchevêtrées l'une
« dans l'autre.

« Avec un tel état de choses la division géographique
« n'était applicable qu'à la partie du Liban qui s'étend
« depuis Tripoli jusqu'au Meten. Mais là encore, en nom-
« mant un prince chrétien, on n'accordait rien de nouveau
« à ces chrétiens. Ils étaient en possession d'être gouver-
« nés par des Scheiks de leur race relevant du prince de
« la montagne ; il ne s'agissait plus que d'un changement
« de personne, de la nomination d'un prince à la place
« d'un autre.

« *Toute la question de l'administration du Liban était*
« *donc dans les limites des districts mixtes, et c'était sur*
« *ce terrain qu'il fallait appliquer le principe de la sépa-*
« *ration administrative des races* (1). »

Un mot d'un homme d'État turc caractérise admirable-
ment cette administration :

« — L'arrangement de 1842, disait Rifaat Pacha, *c'est
la guerre civile organisée.* »

On pourrait ajouter :

Organisée par la diplomatie européenne et exploitée par
le gouvernement de Constantinople.

La cause des massacres ne gît pas, en Syrie, dans le
fanatisme musulman, mais dans la faiblesse et l'insuffisance
du gouvernement turc. Dans ce pays, les Turcs sont les

(1) *Le Liban et la Syrie*, 1845-1860, par M. E. Poujade, page 24 et suivante.

maîtres, et les différentes races syriennes subissent leur joug.

Eh bien, selon nous, la cause première de tous les désordres qui excitent la pitié de l'Europe, réside dans l'infériorité, tant morale que physique, de la race dominante sur les races conquises.

Pour le prouver, un mot sur le pays lui-même :

Le Canahan ou la Syrie, que les Arabes appellent *Barrach-Cham* (Pays de la gauche), est cette bande de terre à l'extrémité orientale de la Méditerranée qui au Nord touche à l'Asie-Mineure, au Sud à l'Arabie, et que deux chaînes de montagnes parallèles, le Liban et l'anti-Liban, traversent du Nord au Sud, entre la mer et le désert.

La Syrie est sacrée à tous les titres : Aux chrétiens, aux juifs, aux mahométans.

Berceau de l'histoire, patrie des patriarches et des prophètes, — nous en trouvons la première description dans la Bible.

Dès lors, théâtre de presque toutes les révolutions humaines, elle vit s'élever et crouler successivement des civilisations, des empires, des dynasties.

C'est donc cette terre promise aux enfants d'Abraham qui, aujourd'hui, est un pachalik turc !...

Dans ce pays, depuis Josué jusqu'à Méhémet-Ali, et depuis les peuples pasteurs jusqu'aux croisés, hommes et peuples ont laissé après eux des traces profondes. On y retrouve encore les souvenirs des Séleucides à Antioche, les Babyloniens à Ninive, des Phéniciens à Tyr et à Sidon, des Juifs et des premiers chrétiens à Jérusalem, des Ommiades à Damas et à Alep.

Cités jadis splendides, aujourd'hui misérables ruines qui, par un contraste navrant avec leur passé, font sentir fortement la fragilité et l'inconstance de toute chose en ce monde.

La mythologie, l'histoire, la Bible, l'Évangile ont semé dans ce pays des traditions multiples, vivaces ; aussi les opinions religieuses y ont une vitalité qu'on ne trouverait pas ailleurs.

Ses peuples se sont formés de différentes nationalités de *vaincus* et de *vainqueurs* qui , par couches successives, s'y sont déposés depuis la Genèse jusqu'à nos jours, et dont le Liban et l'anti-Liban sont le boulevard et le refuge par excellence.

Il n'est donc pas étonnant de voir, parmi ces races, fières comme leurs montagnes, ardentes comme leur soleil, vives, brillantes, guerrières comme les héros des *Mille et une Nuits*, le moindre empiétement d'une famille, un procès, une nomination d'évêque, devenir une source de discordes, de conflits, et cela chez les chrétiens comme chez les Druses.

VIII

En Syrie, la population chrétienne est la plus considérable. Au reste, dans un pays où la statistique n'existe pas, on ne peut guère fixer qu'approximativement le nombre des habitants.

En défalquant les tribus nomades des Kurdes, des Turcomans et des Bédouins, nous arrivons toutefois aux chiffres suivants :

Mahométans................	200,000
Maronites.................	120,000
Arabes du rite grec.........	100,000
Grecs unis................	40,000
Hansaris.................	75,000
Ismaïlites.	4,000
Mutualis..................	15,000
Druses..................	80,000 (1)

(1) Ces chiffres, recueillis et vérifiés par nous sur les lieux, nous paraissent exacts; du reste, s'ils diffèrent de ceux qui sont généralement acceptés, le rapport numérique des différents cultes entre eux reste toujours le même. Ainsi Ubicini et Viquenel évaluent la population maronite à 400,000 âmes, mais donnent le même chiffre aux Grecs.

Voici comment cette population de différents cultes se trouve être groupée :

Plus haut que Beyrouth, depuis la rivière Nar-el-Kelb et les montagnes Sanin jusqu'à Tripoli, et depuis la mer jusqu'à l'anti-Liban, c'est-à-dire tout le nord de la Syrie, est principalement habité par les Maronites.

Le milieu de la Syrie offre une population mixte : 1° de Druses et de Maronites, depuis la rivière Nar-el-Kelb jusqu'à la rivière Nar-el-Zaffer-Ané, entre la mer et le Liban ; 2° de Druses et de Mahométans depuis le Liban jusqu'à Damas.

Dans le sud et jusqu'à la Palestine, nous voyons des Mutualis et des Hanzaris. La Palestine offre comme population dominante les Arabes du rite grec (ils y sont au nombre de cent mille).

Les écrivains catholiques nous représentent volontiers les Maronites comme la population dominante en Syrie. C'est une erreur, le nombre des Arabes du rite grec est à peu de choses près le même ; ce qui rend pourtant les premiers plus puissants, c'est qu'ils se trouvent presque tous massés dans la montagne ; et les Arabes du rite grec sont dans la plaine et en Palestine.

Ces différentes populations, opposées les unes aux autres par la race, par la langue, par la religion, ont un singulier mélange de rapacité et de générosité.

En même temps, la topographie ayant une influence directe sur le caractère national, un pays de montagnes comme la Syrie a dû nécessairement développer en géné-

ral le culte de la race, de la tribu, du clan, de la famille.
Aussi y trouve-t-on la féodalité en pleine vigueur.

Sur les crêtes de ces montagnes du Liban, où perche
comme un nid d'aigle le château de quelque émir ou mo-
katadji, cet émir rappelle les fiers barons du moyen âge.
Il en a les qualités comme les défauts, les préjugés comme
l'humeur guerrière et chevaleresque. Aujourd'hui encore,
le voyageur qui demanderait l'hospitalité à un de ces châ-
telains druses ou maronites devrait s'attendre à cette
question : *A combien d'années remonte l'origine de sa
famille?* afin qu'on puisse le recevoir avec tous les égards
dus à sa naissance.

Il est évident que la force vitale du pays, ainsi que
l'élément de discorde, résident principalement dans la
Montagne.

Là, de temps immémorial, on se fait la guerre sous le
plus vain prétexte. La population se divise, se groupe
alors autour de tel ou tel chef. On crie beaucoup, on brûle
des maisons, on coupe des arbres, on vole des bestiaux ;
c'est dans le sang ; mais la guerre ainsi engagée, se calme-
rait aussi vite qu'elle a commencé, et conserverait dans
tous les cas son caractère propre, local, si, malheureusement, des causes accidentelles ne venaient l'attiser et la
modifier.

Or, dans la montagne, il y a des villages habités à la
fois par les Druses et les Maronites. Cette manière de se
grouper dans un pays où rien n'a changé depuis des siècles, ne prouve-t-elle pas que ces deux races vivaient

jadis en bonne intelligence, et que le fanatisme des Druses est au moins accidentel et ne date pas de loin?

D'ailleurs, sous Mehemet-Ali, la Syrie était comparativement calme et tranquille ; c'est en rentrant sous la domination turque, c'est-à-dire sous un maître moins puissant, qu'elle a vu éclater la guerre civile. Et même, alors que la Porte n'était qu'une horde de barbares, la Syrie, sous sa domination, depuis 1518 jusqu'au commencement de ce siècle, n'a pas ressenti le quart des événements postérieurs.

Et pourquoi ?

Parce que, alors, la Porte n'avait pas la prétention de gouverner le pays ; elle se contentait d'un tribut et laissait la Syrie à ses habitudes, à son génie propre.

Mais le gouvernement *civilisé*, centralisateur de Constantinople, c'est autre chose ; il a la prétention de gouverner comme on gouverne en Europe. Et le pays s'en défend avec énergie. Il s'ensuit qu'aujourd'hui la Turquie est fatalement obligée de détruire l'autonomie des différents peuples de la montagne, et de substituer le gouvernement des pachas au gouvernement féodal et national des émirs.

Pour les Turcs, la domination en Syrie tourne autour de ce dilemme :

« Si nous n'occupons pas les populations de la montagne, elles se révolteront et nous massacreront. Laissons-y donc massacrer les chrétiens, afin de nous sauver nous-mêmes. »

Politique de faiblesse et de désespoir, qui nécessite la

transformation radicale du gouvernement de la Syrie. Qu'on ne nous dise pas que, dans ce pays, le gouvernement ottoman ne soit pas réduit à ces expédients déplorables. En lui supposant toute la loyauté et toute la bonne volonté possibles, il est matériellement dans l'impuissance d'agir avec énergie ; et il nous en a donné la preuve dans les derniers événements.

M. de Lavalette a informé le gouvernement français qu'à la nouvelle des massacres, la Porte se hâta d'envoyer des troupes *aussitôt qu'elle put se procurer de l'argent pour solder l'arriéré de mille hommes.* « Il était évident, ajoutait l'ambassadeur, qu'envoyer des nouvelles troupes dans ce pays sans les payer, c'eût été joindre aux pillards des hommes mécontents et prêts à désobéir (1). »

Qui nous répond que le même cas d'incurie ne puisse se reproduire encore ?

Or, si la vie des chrétiens dans la montagne devait dépendre de l'état florissant des finances turques, il faut avouer que, dans ce cas, cette existence serait bien précaire !...

Quant au désarmement comme moyen de pacification, nous répondons :

Il est très-facile de combiner des arrangements, mais plus difficile de les faire accepter dans un tel pays.

Ainsi, tout récemment, on proposa le désarmement des populations en guerre.

(1) Documents diplomatiques.

C'était un de ces remèdes qui paraissaient au premier moment comme souverain pour faire cesser les massacres.

A-t-il amené réellement au but désiré ?

Non ! Bien plus, il a augmenté le ferment de discorde et de haine.

C'est que, dans un pays où être désarmé est considéré comme un déshonneur, contraindre l'Arabe, le Druse, le Maronite à déposer les armes, c'est méconnaître son génie fier et libre.

On pourra réussir sur la partie la plus maniable de la population qui forme précisément les victimes ; mais nous défions la Porte de désarmer un Syrien pur sang !

D'ailleurs ce mode a été déjà pratiqué en 1845.

Qu'a-t-il amené ?

Le gouvernement turc ne parvint qu'à désarmer des chrétiens et cela, non par parti pris ; mais parce que c'est la seule partie de la population qu'on puisse désarmer.

Nous n'hésitons donc pas à déclarer qu'à l'arrangement de 1842, substituer un gouvernement *direct* de la Porte avec une vice-royauté turque et des soldats turcs, serait statuer une *monstruosité*.

IX

Si le *statu quo* en Syrie est impossible ; si le gouvernement turc y est dangereux ; par quelle combinaison les chrétiens dans ce pays échapperont-ils aux conséquences inévitables de la situation désespérée et menaçante qui pèse sur eux ?

On dit déjà qu'il y a, à ce sujet, de nombreuses divergences d'opinions au sein de la commission européenne ; et que la conférence aura à examiner presque autant de projets qu'il y a de membres en faisant partie.

Faut-il croire qu'une réorganisation du gouvernement de la montagne *seule*, dont on s'occupe actuellement, assurera à la Syrie la sécurité dans l'avenir ? Elle n'assurera pas même celle de la montagne.

Selon nous, en localisant la question syrienne au Liban, bien loin de la résoudre, on la complique ; et voici pourquoi :

Les Maronites ne sont pas les seuls habitants de la Syrie; pour avoir la paix dans ce pays, le gouvernement futur devra donner satisfaction aux différentes races, aux différents cultes; au moins aux trois races dominantes que nous montre la statistique, qui nous offre ainsi les éléments de résoudre la question.

Dans le Liban, nous l'avons vu, la géographie se refuse à toute séparation administrative de races, et tout ce qui serait statué dans cet esprit n'amènerait que désordres et malheurs.

Il résulte donc que, dans cette question, l'Europe ne s'en tenant qu'à la montagne ou au Liban, serait fatalement ramenée au système des kaïmakams druse, maronite et peut-être cette fois grec.

Néanmoins, si cette séparation n'est pas possible dans le Liban même, elle est réellement indiquée pour la Syrie en général.

Aussi, ce qui nous a profondément étonné, c'est de voir jusqu'à présent, dans cette question, la pitié, l'intérêt, la discussion européennes ne porter que sur ce point de la Syrie.

Serait-ce parce que l'Europe ne sait pas ce qu'elle veut? ou qu'elle n'ose vouloir ?

Maintenir, par un expédient diplomatique, plus ou moins heureux, pendant quelque temps une tranquillité factice dans la montagne, ce n'est pas résoudre la question. Nous ne voyons qu'un seul moyen d'en sortir : c'est de transporter l'objet des délibérations sur un terrain plus vaste.

En un mot, substituer l'intérêt *syrien* à l'intérêt du *Liban*.

Donnez la liberté à toute la Syrie ; donnez-lui le soin de se gouverner elle-même, et vous éloignerez pour toujours les massacres des chrétiens.

Mais la paix, dans ce pays, n'est qu'à ce prix.

Lorsque la Turquie ne posséderait plus la Syrie qu'au même titre qu'elle possède l'Égypte ou les Principautés Danubiennes, que perdraient l'Europe et la Turquie elle-même ? Pour la Turquie, son intérêt, bien entendu, serait attaché à cette dernière combinaison qui la dégagerait d'une administration embarrassante et improductive qui la couvre de discrédit et d'opprobre aux yeux du monde.

Quant à l'Europe, elle n'y perdrait rien ; bien plus elle y gagnerait d'avoir enfin vidé une question, qui ne saurait rester plus longtemps en suspens sans nuire à sa considération ; disons plus, à son honneur !...

X

D'ailleurs, puisqu'il a été admis en principe de ne rien statuer d'inférieur à l'organisation de 1842 et 1845, et qu'enfin le gouvernement turc n'est pas possible en Syrie ; qu'en même temps les signataires du protocole de Londres, les *avocats* les plus chaleureux de l'intégrité de la Porte-Ottomane, proposant, en 1840, le gouvernement de la Syrie à Ibrahim-Pacha, *à vie*, n'admettaient nullement par là commettre une atteinte à cette même intégrité ; nous admettons donc qu'en 1861, la création d'un gouvernement syrien national n'est ni chimérique, ni impossible.

Quel peut être ce gouvernement ?

En Syrie, on l'a vu, il y a trois éléments sérieux de constitution politique et sociale :

Dans la montagne, les *Maronites ;*

Dans les environs de Damas, les *Druses ;*

En Palestine, les *Arabes du rite grec.*

Pourquoi ne créerait-on pas, avec ces trois éléments, trois gouvernements autonomes ?

La Porte, elle-même, a de tout temps respecté l'autonomie des différents cultes.

On pourrait créer un émir maronite pour la montagne ; un émir ou cheick druse dans les environs de Damas ; un émir arabe grec pour la Palestine (sauf Jérusalem, dont nous parlerons plus bas); ces différents émirs auraient les attributions de vassaux de la Porte, lui payant un tribut et se trouvant dans la position des deux hospodars de la Valachie et de la Moldavie avant 1859.

Ces trois éléments satisfaits, la question serait résolue.

Tout dépendrait toutefois d'un choix plus ou moins intelligent.

Il faut qu'il ne froisse pas le sentiment national ; il doit être juste ; et ce n'est ni de Paris ni d'aucun autre lieu qu'on pourrait le guider ; il importe de laisser ces contrées elles-mêmes élire leurs chefs.

Quant à Jérusalem, elle devrait être en dehors de la juridiction des trois émirs.

Cette ville à part, unique dans son genre, pourrait être érigée en juridiction spéciale, jouissant d'une neutralité absolue au moyen d'un gouverneur ou d'un préfet turc, afin qu'elle pût échapper aux jalousies de prépondérance religieuse qui, malheureusement, ont toujours assailli les lieux saints.

XI

Nous nous résumons :

Pas de pachalick turc en Syrie, sauf à Jérusalem.

Création de trois émirs indépendants payant un tribut à la Porte ;

Un émir maronite à Deïr-el-Kamar.

Un émir druse à Damas.

Un émir arabe grec à Naplouse.

Tous les trois, sous la surveillance collective des puissances européennes.

Nous allons au devant du seul argument qu'on puisse nous faire : On nous dira peut-être que, par notre combinaison, nous n'écartons pas les rivalités des districts mixtes.

Eh bien! nous croyons que ces rivalités seront effacées précisément par la satisfaction donnée aux trois cultes; car nos trois émirs ayant journellement sous leur juridiction des administrés appartenant à chacun d'eux, leur intérêt mutuel sera d'être tolérant et de se faire des concessions réciproques.

Tel est, à notre avis, le seul moyen pratique de sortir de la question syrienne et de la résoudre efficacement.

Car, qu'on ne s'y trompe pas, les Syriens, aussi bien que les Italiens, ont le droit de réclamer la liberté, ce patrimoine inviolable de l'humanité!

FIN

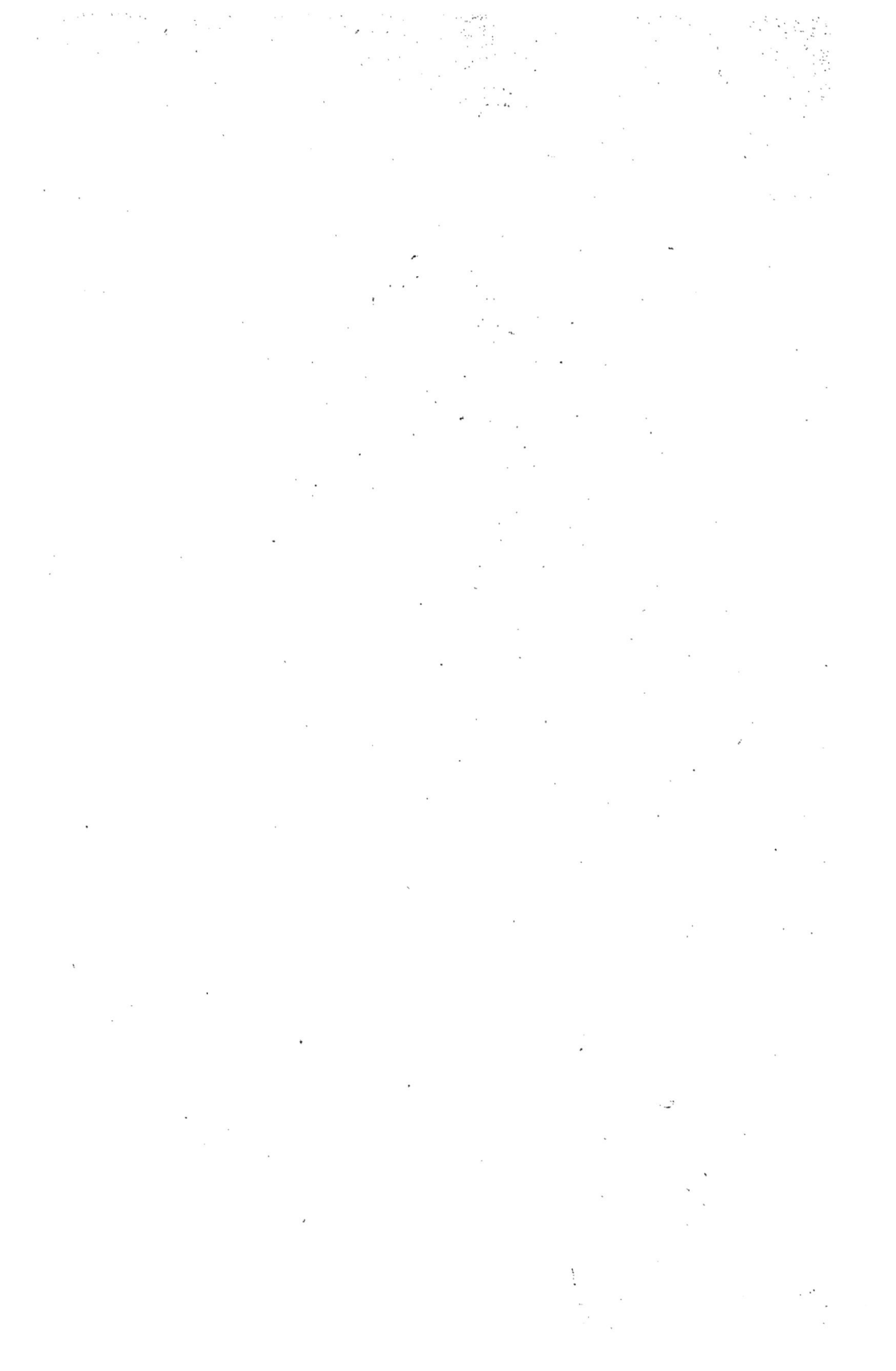

www.ingramcontent.com/pod-product-compliance
Lightning Source LLC
LaVergne TN
LVHW022206080426
835511LV00008B/1607

9 782012 159754